DU PROJET
D'INDEMNITÉ,

SOUS LE RAPPORT

DE LA JUSTICE RELATIVE.

> « Une telle mesure doit rappeler à nos peuples cette fidélité et cette antique et religieuse probité qui furent de tout temps l'apanage de nos ancêtres et des leurs. »
>
> (*Edit du Roi de Sardaigne.*)

PARIS,
ADRIEN ÉGRON, IMPRIMEUR-LIBRAIRE,
RUE DES NOYERS, N° 37;
PONTHIEU, LIBRAIRE, AU PALAIS-ROYAL.

1825.

2

DU

PROJET D'INDEMNITÉ.

DES RENTES SUR L'ÉTAT.

QUE l'autorité commande; on obéit : mais qu'elle ne raisonne pas; car alors on critique, on juge. Et d'autant la résignation est familière aux consciences, d'autant l'amour-propre se révolte contre l'abnégation.

Le ministre a mis de côté ce principe vital, dans les séances du 26 février et du 4 mars, où il s'agissait de la restitution des rentes confisquées. Il n'a rien répondu, et c'était bien; il a parlé, et c'était mal.

D'abord, dans le dessein d'épouvanter l'imagination, il lui a convenu d'entasser des chiffres et d'ajouter à la dette constituée de 75 millions, la dette exigible de 31 millions, puis d'autres parties de la dette perpétuelle *inscrites confusément* avec celles-ci, montant à 67 millions, dont l'addition a produit 174 millions, sur quoi il n'en a été liquidé que 115; et, en déduisant 20 millions des 65 restant, il y aurait, selon son calcul, en rentes confisquées, 40 millions de rente intégrale, ou 14 millions de tiers consolidé.

Il faut retrancher les 67 millions inscrits confusément pendant la révolution, et postérieurement à la confiscation.

Il resterait en dette constituée. . . .75 millions.

En dette exigible. 31

Total. . . . . .106 millions.

D'autre part, en rentes confisquées, 40 millions.

Or, n'y aurait-il pas identité jusqu'à due concurrence, entre les 31 millions ci-dessus et les 40 millions ci-dessous. On croit se rappeler qu'un très-petit nombre des charges de cour, de judicature et de finances, s'est soumise à la liquidation, et on sait que les trois quarts de leurs propriétaires ont subi bientôt l'inscription sur la liste ou même la condamnation; en sorte que l'identité paraît constante, au moins pour 25 millions, et qu'il ne resterait à porter sur la dette constituée que 15 millions, donnant 5 millions en tiers consolidé.

En outre, pour tout homme qui habitait alors

Paris ou la France, il est évident que les classes d'émigrés et de condamnés ne possédaient pas 40 millions de rentes, pas même 20 millions : car ce serait plus de la moitié ou du quart de la dette constituée, ce serait plus des deux tiers ou du tiers des biens-fonds confisqués sur eux; et il y aurait à déduire de la quantité de rentes qu'ils possédaient, les parties restituées aux premières radiations ou par des ordonnances de faveur.

Ainsi on ne doit estimer qu'au-dessous de 10 millions de rente intégrale, les rentes confisquées qui faisaient partie de la dette constituée.

Ici les probabilités s'accumulent. D'après un discours du 26 février, le rapport fait, en 1818, à la Chambre, et fondé aussi sur des données officielles, ne supposait que 2 à 3 millions de tiers consolidé; et, quand le benin empereur conçut l'idée de leur restitution, il n'était question que d'une somme à peu près égale.

Or, ce sont seulement les rentes constituées dont on parlait dans cette séance, auxquelles on pensait en 1818 et sous Bonaparte; ce sont celles-là seulement qui étaient antérieures à la révolution, sanctionnées par nos rois, reconnues pour immeubles; et ce sont justement celles-là qui, du simple chiffre de 10 millions, ont été élevées, par le ministre, à un chiffre quadruple.

Quant aux droits de la dette exigible, ils sont abolis, anéantis par force majeure, confusément avec tant d'autres de nature semblable : car un tel incendie ne s'éteint que sous des monceaux de cendres.

Maintenant le ministre ne viendra plus prétendre, comme le 26 février, que le gouvernement a reculé devant la charge qui lui serait imposée ; ni, comme le 4 mars, qu'il n'y aurait d'autre moyen que de relever de la déchéance, qu'en relevant les expropriés, il faudrait relever tous les créanciers, et qu'enfin fort peu de personnes pourraient produire leurs titres.

Dans le fait, il n'y a point de déchéance à relever, point de titres à produire. L'erreur du ministre provient de ce qu'il a envisagé confusément les différentes origines du grand livre actuel, mêlant et brouillant ensemble la dette constituée et la dette exigible.

Les rentes confisquées n'ont point été rayées du grand livre, puisqu'elles n'y étaient pas inscrites, ainsi qu'il l'a dit fort bien ; mais elles étaient et sont encore inscrites sur les registres de l'hôtel-de-ville, des pays d'état et du clergé, ce qu'il n'a pas dit.

Et déjà elles y ont été retrouvées, quand cet homme, que nul ne gagnait de vitesse en conceptions de mal, et qui, trop souvent, était entravé dans ses velléités de bien, se mit en tête de les restituer.

Que le ministre prenne donc la peine de convoquer le sieur de Fermont, son devancier, en liquidation expéditive. De son vivant, il était dur, pour ne pas dire plus; mais il est mort, on doit l'espérer du moins, et cela change le caractère. Or, ledit sieur n'opposa pas à son digne maître une telle fin de non-recevoir : il jugea plus à propos d'imaginer un argument de sorte toute nouvelle, qui révolta tout le monde, et n'en réussit que mieux.

Les rentes confisquées se sont éteintes par confusion dans les mains de l'Etat, s'écria le madré conseiller-d'état; et, sans se servir des mêmes termes, sans afficher le même principe, le ministre parvient au même résultat.

Que faire alors? Attendre. Que faire maintenant? N'attendre plus.

Mais c'est bien triste. L'Etat veut reparer a l'egard des biens aliénés, et il ne veut pas se dessaisir des biens non aliénés. Quand l'Etat n'est que spoliateur, on est indemnisé; et quand il est *spoliataire*, on n'est ni réintégré, ni indemnisé.

L'Etat s'impute à lui-même, la charge de rembourser aux propriétaires, le triple ou le quadruple du prix qu'il a touché sur la vente de leurs biens; et peu satisfait d'avoir dérobé aux rentiers les deux tiers de leurs fonds, il ne lui plaît pas de restituer le tiers restant.

L'Etat s'est prêté à rendre tous les biens meubles qui existaient en magasin; et il se refuse à rendre les rentes inscrites sur ses vieux livres; ensorte qu'elles sont tenues pour immeubles, lorsqu'il s'agit de restitution, et pour meubles, quand il est parlé d'indemnité.

C'est bien triste. Les ministres précédens ont facilement retrouvé la trace des rentes séquestrées sur les individus anglais, aussitôt qu'un traité les y a obligés : et le ministre actuel, consumé du désir de guérir toutes les plaies, de rallier tous les cœurs, juge dans sa sagesse, que la trace en est perdue quant aux Français expropriés.

C'est bien triste. Sous un gouvernement cuirassé d'airain, et sous un ministère harassé de haines et de blâmes, l'intention s'est conçue et l'exécution était déja entamée, pour rendre une justice partielle sans doute : et le ministre, ultrà royaliste, ne le veut pas, ne le doit pas, ne le peut pas, à ce qu'il dit.

Et des notions aussi erronées, des fins aussi révoltantes, se sont vues, sinon approuvées, au moins ratifiées par la Chambre des députés, bien qu'elles n'aient été exposées et soutenues, qu'au moyen de la dissimulation des faits, de la complication des sophismes, et de cette diffusion de paroles, de cette confusion de langage, dont l'habitude, soit pour l'orateur, soit pour les auditeurs, semble s'être changée en une seconde nature.

C'est bien triste !

DES BIENS AFFECTÉS.

Toutes les concessions provisoires de biens affectés aux hospices, deviennent définitives, par diverses lois de 1807. La loi de décembre 1814, suppose entre les unes et les autres, une distinction qui n'existait plus. Enfin l'ordonnance de 1816, reconnaît l'erreur et restitue les biens à un grand nombre de propriétaires.

Dans cet état de choses, le projet actuel se borne à sanctionner la loi de 1814. La commission prétend au contraire consolider l'ordonnance, et néglige ensuite de défendre son amendement à la tribune.

D'autre part, un simple décret de 1811, concède à titre de propriété, divers édifices confisqués aux départemens et aux établissemens publics. La loi de 1814 en ajourne la remise, seulement tant que leur destination sera nécessaire.

Sous ce dernier rapport, le projet ne s'explique nullement, non plus que la commission.

Or, pour les biens affectés aux hospices, le projet a été adopté sans amendement; et enlève ainsi aux propriétaires, le bénéfice acquis par l'ordonnance de 1814.

Quant aux biens concédés aux établissemens publics, un article additionnel leur attribue une part dans l'indemnité, et leur soustrait, ce semble, l'espérance laissée par la loi de 1814.

A l'égard des établissemens, le commissaire du Roi, solidement appuyé sur le décret impérial, n'a point donné d'autre motif, si ce n'est qu'ils ont usé de ces biens comme de choses à eux appartenantes et qu'ils y ont fait les dépenses convenables.

A l'égard des hospices, un ministre subalterne a été chargé de la tâche, dédaignée par le président du conseil.

« Les hospices sont propriétaires définitifs, puisque ces biens leur ont été donnés définitivement... Les hospices sont des corps comme les communes, susceptibles d'avoir des propriétés privées..... Les hospices n'en sont pas moins des propriétaires *sur la tête desquels* réside la propriété, quoiqu'elle soit administrée par des formes particulières.

« La loi est une loi de restauration de la propriété : vous ne pouvez donc insérer dans cette loi, une disposition qui violerait le principe de la propriété.... Vous vous garderez de lui donner un caractère qui serait tout à la fois, contraire à l'intérêt public *et à l'intérêt des émigrés* eux-mêmes.

« J'ai prouvé que la charte avait réglé cette propriété comme les autres, en disant que toutes les propriétés étaient inviolables. La charte est donc applicable aux hospices, qui sont de véritables propriétaires.

« La paix publique est ici vivement intéressée; les biens des hospices sont une propriété sacrée *par l'emploi qui en est fait*, et ils éprouveraient un dommage évident par la mesure proposée. Croyez-vous que l'ordre public n'en serait pas troublé?

Le ministre termine la discussion en ces termes :

« J'espère que vous avez suffisamment entendu mes motifs et je ne les répéterai pas. »

Tel est mot pour mot, l'extrait du moniteur auquel on doit se fier, d'autant qu'il y a eu un jour plein, pour y coudre tout errata qui aurait paru convenable.

C'est d'après les mêmes principes, mais non avec cette logique introuvable, que s'exprimait le rapporteur de la commission en 1814; de sorte que la réplique qui lui fut faite (1) dans le temps, s'adapte à merveille au ministre.

« C'est dommage que la constitution du sénat

---

(1) Des Effets de la Fatalité, à l'égard des biens affectés aux hospices. Migneret, 1814.

ait été récusée par notre souverain. Elle ne portait que deux mots : *La vente des biens nationaux est irrévocable.* Or, il n'y a pas de prix, et donc pas de vente. Il n'y a pas de donation, car la main droite ne donne pas à la main gauche. Il n'y a pas d'aliénation; ce n'est qu'une désignation de jouissance. L'Etat qui a ravi, qui a possédé, qui a affecté ces biens, est tout de même en droit et en pouvoir de les reprendre, de les garder, de les aliéner.

« Certain scrupule vint à s'insinuer un peu tard dans les consciences. Les biens des hospices ont été vendus! quel forfait, quel désastre! Heureusement que les débris de l'émigration sont là; personne n'en veut. Faisons de la terre le fossé; tant pis pour qui se trouve sous la pioche.

« Vainement de tout temps et en tous lieux, les secours publics ont constitué le premier devoir de la société. Ce sont des contes du vieux temps, nous avons changé tout cela : à dater de ce jour, les hospices sont investis de la qualité d'êtres actifs, de personnes libres, car tel est le bon plaisir du fisc.

« Avez-vous des bois, des maisons, des biens non vendus? justice est faite; jouissez et bénissez. Avez-vous des propriétés employées à un service public? justice se fera, attendez et bénissez. Avez-vous des terres passées en mains tierces? les transactions sont licites, espérez et bénissez. Avez-vous des biens affectés aux hospices? n'attendez plus, n'espérez plus, ne bénissez plus.

« Et quels sont les propriétaires à qui il ne revient rien du sauvetage, à qui le port tant désiré ouvre un abîme nouveau? Ceux-là même dont la permanente fidélité et le dévouement inaltérable, ont déterminé la maintenue sur les listes : ceux-là même, que le sexe et l'âge, que la misère ou la pudeur ont privé des moyens d'intrigue, qui seuls faisaient rendre justice. »

Mais rien n'importe. Il n'y avait pas même de question à résoudre. Dans l'exposé des motifs, il n'est point parlé des établissemens publics; et quant aux hospices, il n'est dit que deux mots : « La distinction faite par la loi de 1814, prescrivait clairement la mesure qu'il convenait d'adopter....... Tous les intérêts se trouvent ainsi garantis. »

On laisse la pensée s'épanouir à loisir, sur cette servilité envers la loi de 1814; sur cette quiétude à l'égard des intérêts d'autrui.

Et vainement il serait dit aux ministres de cabinet et d'état, que le droit de propriété n'existe dans le sens absolu, qu'en vüe de l'hérédité, qu'au moyen de la faculté de transmission, qu'il se modifie même quant aux individus, suivant qu'il est emphytéotique, ou viager, ou aléatoire, qu'enfin il s'atténue de plus en plus à l'égard des êtres fictifs, des corporations quelconques.

Vainement il leur serait dit que, si les établissemens publics étaient censés investis du droit absolu de propriété, des établissemens plus isolés, plus indépendans, devaient rentrer dans la même catégorie, et qu'ainsi les biens du clergé, surtout de l'ordre de Malte, ne pouvaient être conservés aux mains de l'Etat, sans lui faire encourir le flagrant délit de spoliation.

Vainement il leur serait dit que c'est l'Etat même qui est représenté et se retrouve, sous des titres simulés, dans les secours publics, dans l'instruction publique, dans l'administration publique, dans la justice et la défense publiques; que l'Etat, en concédant des biens à ces établissemens, s'est borné à faire inscrire les articles de recette et de dépense sur des registres spéciaux, et n'a pas cessé de jouir du revenu net, en déduction d'autant sur les fonds qu'il eût été forcé de leur allouer.

Vainement il leur serait dit, que l'Etat autorise et excite vivement, depuis long-temps, les établissemens de charité à vendre leurs biens-fonds, pour se remplacer sur le grand livre; si bien qu'avant dix ans, les biens affectés auront été mis à l'encan, avec ce double bénéfice, que les détenteurs en seront débarrassés, et que les propriétaires ne s'y verront pas réintégrés.

Et que, suivant le rapporteur, dans la séance du 12 mars, les avis du conseil d'Etat, qui ont caractère de lois, soit avant ou depuis 1814, ont constamment décidé que les communes, les hospices, les fabriques n'étaient point tenues de leurs anciennes dettes, qui restent exclusivement dettes de l'Etat.

Toutes choses qui paraissent consacrer une identité à peu près parfaite, entre le corps principal de l'Etat et les corps dérivés et dépendans de l'Etat.

Mais il serait trop dur de s'obstiner et de harasser les ministres pour les pousser dans la voie du bon droit et du bon sens. A leur sentiment, les questions se scindent plus commodément et se simplifient d'une manière merveilleuse.

Le ministre de l'intérieur nous a enseigné avec autorité, comme quoi les biens des hospices étaient sacrés, par l'emploi qui en est fait, comme quoi l'ordre public serait troublé par leur restitution, comme quoi un tel acte serait contraire à l'intérêt des émigrés. Que dire à cela?

Et le commissaire, dans sa nacelle, dont le gréement n'est pas encore au complet, se laissant traîner à la remorque sur le fleuve du Tendre, qui fut jadis la Garonne, est venu s'échouer près de la rive gauche, où gisent ces tristes hospices, déshérités des trésors paternels, et réduits, pour gagner leur vie, à faire le métier de mendians ou de recéleurs ; sans que sa vue, apparemment trop courte, ait pu discerner de l'autre bord du fleuve, à travers les épaisses brumes de la saison, *ceux-là que des lois cruelles ont privés seuls de leurs champs, de leurs maisons, de la partie de ce sol natal, pour la conservation de laquelle le propriétaire a droit de demander à la société, protection et garantie : malheur qui sort de la classe commune, et ne peut être comparé à aucun autre.* (Exposé des Motifs, page 11.)

DES SUCCESSIONS.

Le ministre avait commis, dans l'article 7, deux fautes remarquables : l'une, de renier le principe même de la loi et de méconnaître l'esprit de la Chambre ; l'autre, de confondre, sous le titre générique des héritiers, tous les ayant-droit à la succession.

La commission et la Chambre l'ont repris vertement de la première, en appelant les représentans à l'époque du décès, en place de ceux au jour de la promulgation ; si bien que la pudeur apparemment, a fermé la bouche, même au président du conseil.

La leçon n'a pas été moins forte, lorsque la commission a bien voulu lui enseigner qu'il convenait de dire un mot des donations et des renonciations.

Cependant la commission allant d'abord à gauche, puis à droite, et tour à tour se donnant tort et raison, d'une part, avait admis, dans sa plénitude, l'effet des testamens ; de l'autre, avait relevé entièrement du fait des renonciations : et la Chambre a adopté l'erreur sans réserve, a consenti à modifier la clause équitable.

Ces aberrations d'esprit sont provenues de ce que le barreau siégeant à la tribune et présidant à la commission, s'est obstiné, suivant une routine très-louable, devant les cours de justice, à ramener sous les règles du droit commun, tous les développemens de la loi la moins apte à s'y soumettre.

Le ministre était conséquent : il déclarait faire une aumône, et prétendait la faire à sa fantaisie.

Mais la Chambre a reconnu en principe, que les décrets n'avaient pu abolir, que les années n'avaient pu éteindre, un droit qui seulement comprimé sous le coup de l'injustice, se rétablissait en son état ancien, au retour de l'ordre, un droit dont les conséquences morales avaient suivi leur cours naturel, bien que la violence en eût entravé les effets légaux et matériels.

Dans le sens intuitif de la loi, comme la Chambre l'entend, et afin qu'elle ait un sens, ce qui ne devait pas être, est supposé n'avoir pas été; et ce qui devait être, est supposé avoir été.

Le législateur est tenu à percer, à rétrograder, non-seulement à travers le chaos des temps, mais encore à rebours du hasard des choses; il est tenu à exercer comme un contrôle en arrière, comme un appurement des faits passés, rejetant et annullant les déviations qu'aurait pu subir la ligne des principes, et admettant pour base, que la réalité du fait est toujours restée identique avec la vérité du droit.

Ainsi, par l'effet d'une fiction indispensable, il est censé que tel émigré a constamment joui de sa fortune; et, dès-lors, ses héritiers n'auraient pas renoncé; et, dès-lors, ils n'ont pas renoncé. De même que la spoliation était nulle, de même la renonciation advenue par suite de la spoliation est nulle et comme non advenue.

Ici le chef des professeurs en droit commun a soutenu, que celui qui était héritier un jour, l'était toujours; et un de ses suppléans l'a appuyé par ce motif, que les acceptans avaient acquitté les dettes. Il faut dire à l'un, que l'héritier d'un jour se trouvait héritier de fait, mais non de droit; héritier de ce qui était, mais non de ce qui serait. Il faut dire à l'autre, que l'acceptant aura son recours proportionnel, sur l'indemnité, pour les dettes payées ou non payées.

Ainsi, d'après les mêmes maximes, il est censé que tel émigré n'est point sorti de France, n'a point été isolé de sa famille et abandonné aux soins de quelque ami, de quelque serviteur; et dès-lors, il n'aurait point légué à cet ami, à ce serviteur, les biens dont il restait nanti, dont il investissait, en idée, l'héritier de son sang; et dès-lors, il n'a point légué ces biens.

Mais, selon les professeurs, ce serait faire naître une immensité de procès, comme si les lois étaient instituées dans la vue principale d'étouffer les procès; comme si les lois devaient trancher le nœud gordien de la justice, afin d'éviter aux tribunaux la peine de le dénouer; comme s'il allait se propager et se consacrer l'odieux système du Code Civil, d'allouer les biens, à droite ou à gauche, à tout hasard, jetant hors de cause un grand nombre des ayant-droit, dans le dessein de prévenir tout litige, de dispenser de tous partages.

Cependant le projet de loi avait également dédaigné de s'exprimer sur les émigrés naturalisés hors de France et sur leurs filles mariées à des étrangers, et la commission n'a point cherché à l'amender à cet égard, répugnant sans doute à éliminer une à une, toutes les conceptions ministérielles et à purger la loi, du projet en entier.

Ici le principe revit dans toute sa force. Il est censé que l'émigration ne s'est point opérée; et dès-lors, quel pays habiteraient les naturalisés ? quels maris auraient été pris par leurs filles? La réponse fait arrêt.

Un orateur ardent et tenace a d'abord élevé la question dans le sens le plus large, c'est-à-dire dans le droit sens, sans obtenir aucun succès. Bientôt il l'a reprise, en la limitant dans la forme, ou plutôt en accordant au gouvernement le droit de faire des exceptions personnelles, autrement le droit de grâce.

En cela, il commettait une grave erreur sans doute; et toutefois, il ne poussait pas l'erreur jusqu'au point de mériter le *vu bon* du ministère : car voilà que le commissaire épouvanté qu'un faible et pâle éclair de justice tentât de se faire jour à travers les ténèbres de la loi, lui oppose aussitôt un argument de sorte irrésistible.

« Messieurs, votre première disposition n'affectait l'indemnité qu'aux Français : il serait injurieux de prétendre que c'est sans réflexion et sans connaître l'importance des termes dont vous vous serviez, que vous auriez adopté votre disposition. (Moniteur du 15 mars.) »

L'amendement est mis aux voix pour la partie relative aux naturalisés; l'épreuve semble douteuse, et suivant le droit commun, l'appel nominal se voit refusé : quant aux filles d'émigrés, elles sont condamnées par assis et levé.

Or, qu'arrive-t-il le lendemain? l'épreuve douteuse se trouve définitive par le fait, car il n'est rien dit des naturalisés! Quant à l'épreuve qui ne laissait pas de doute, en se renouvelant elle n'en laisse pas davantage ; seulement elle adopte au lieu qu'elle rejetait et le jugement est cassé sur l'appel.

Il est vrai que l'opinant avait bien expliqué à la Chambre, pour son instruction, comme quoi l'État ni la réserve n'auraient profité, à l'exclusion des filles d'émigrés, comme quoi l'héritage confisqué sur elles serait dévolu à des parens éloignés, et qu'ainsi la loi mettrait l'intérêt aux prises avec la conscience.

Nobres et saintes paroles, trop rarement prononcées, plus rarement comprises, paroles qui devraient faire la loi aux lois! Pourquoi n'ont-elles pas été interprêtées de même en faveur des naturalisés? Pourquoi n'a-t-il pas été accueilli, le discours du même orateur?

« Ils se sont naturalisés pour cultiver un champ, pour donner du pain à leurs familles. Ils rentraient à la Restauration, mais l'article 9 de la Charte les a arrêtés; ils rentraient après l'Indemnité, mais votre loi n'est-elle pas un nouvel article 9?

« J'aime à croire qu'il n'y aura pas en France un seul individu qui veuille se faire spoliateur des biens de l'héritier naturel : l'émigré n'a vu dans son acquéreur qu'un étranger, et maintenant ce serait son plus proche parent qui le dépouillerait. »

Or, il est arrivé, ce qui arrive toujours : une langue mal faite entraîne une fausse logique; une question mal posée emporte une fausse solution.

Il ne s'agissait pas de ce qui était, mais de ce qui serait. Il ne fallait pas dire : la loi doit-elle les exproprier, parce qu'ils sont naturalisés hors de France ? Il fallait dire : la loi veut-elle les naturaliser à l'étranger en les expropriant ?

Car ils revenaient sous ses auspices et ne reviendront pas sous son anathême. Il y aura des Français de moins : et, par-Dieu, ceux-là n'ont pas ployé le genou, n'ont pas courbé la tête, ni devant le sceptre de la tyrannie, ni sous le faix de l'infortune : ceux-là étaient dignes de rallier leurs voix ingénues au cri généreux de notre Roi, à l'abord du sol natal : *Il n'y a qu'un Français de plus.*

DES CRÉANCES ANCIENNES.

L'Article 4 du projet de loi n'a subi que deux amendemens, l'un pour donner le droit de libération au pair, l'autre pour régler la distribution du prix : L'habitude des corrections était si bien prise qu'il n'y a pas eu de résistance.

Un orateur désirait que la prescription des créances fût interrompue. En lui répondant, le rapporteur a démontré combien la question était difficile à résoudre, sans prouver aucunement qu'elle fût équitablement décidée. Pour parvenir à cette fin, il eût fallu plus de ferveur dans le conseil, plus de débats dans la commission, plus d'articles dans la loi.

On voit seulement, dans son discours, que le fait de force majeure doit trancher la question dans les tribunaux, et d'autre part que toute difficulté, *quelque grande qu'elle soit*, n'a pas le caractère de force majeure : d'où il arrivera, sans doute, que les arrêts seront différens dans des causes semblables.

On y voit que tel créancier qui aura omis d'agir contre son débiteur, soit par égard pour la personne, soit par crainte des faux frais, soit dans l'espoir d'un arrangement, sera débouté de plein droit, et frappé du sceau de la prescription; et cela ne laisse pas de paraître choquant, pour qui n'est pas légiste de son métier, pour qui ne s'embourbe pas dans les ornières du droit commun.

Y aurait-il un remède? on ne sait trop; mais on sait du moins qu'il n'a pas été cherché, et qu'ainsi il ne pouvait guère être rencontré.

Mais prenez garde de faire mal le bien; craignez d'enrôler une loi d'iniquité sous les bannières de la justice, de couver une loi de dépravation en place d'un loi de réparation. La loi prescrit des titres aussi sacrés qu'aucuns autres, dépouille des personnes plus respectables que toutes autres. Or, l'exproprié va-t-il accepter les dons empoisonnés de la loi? l'honneur est perdu, la conscience s'entache et gangrenée sur un point, toute entière elle n'est bientôt que pourriture.

Il faut parler aussi des créanciers qui auront transigé avec leurs débiteurs. La roue a tourné, la fortune est double ou quadruple; si le créancier l'eût présagé, il ne faisait point de remises; s'il l'eût soupçonné seulement, il faisait des réserves. Et votre loi décrète que le débiteur est quitte, votre loi lui impose la bassesse et la honte, dont il n'est moyen de se décharger qu'en s'enfonçant de plus en plus dans la boue.

Souvent même ces profits honteux ne lui seront pas concédés, souvent ses autres créanciers, plus âpres et plus tenaces, qui ont évité la prescription, qui se sont refusés aux transactions, le mettront hors de cause, et se verront appelés à diviser entre eux les débris de l'indemnité.

Or, cette circonstance, qui ne sera pas rare à se présenter, par l'effet des chances aléatoires de la liquidation, amène et oblige à traiter deux questions, dont l'une n'a été nullement aperçue, et l'autre n'a point été approfondie.

Première question. En thèse générale, d'après les bases fondamentales des lois humaines, le créancier est-il censé identifié avec son débiteur, et devient-il comme une partie intégrante de sa personne, de sorte à la suivre en tout temps, en tous lieux, de sorte à exercer de plein droit un prélèvement sur ses biens quelconques?

On peut en douter, au moins dans les contrats civils, puisque la contrainte n'y est pas décernée, puisque la cession des biens libère, puisque la renonciation n'empêche pas d'hériter par représentation, puisque généralement la faculté de poursuivre s'éteint en pays étranger.

Dans la thèse actuelle, en mettant de côté les règles du droit commun, lequel ne peut pas ressusciter à commande, après qu'il a été enseveli sous les décombres de trente années de ruines, en ne considérant que le principe d'équité transcendante, qui seul motive et justifie le projet de loi, le créancier apparait-il investi d'un titre identique à celui du propriétaire, et se présente-t-il au partage de l'indemnité avec des droits aussi inviolables, aussi inflexibles, bien qu'ils ne soient pas immédiats.

On se permet de résoudre le problème en un seul mot. Si nul des expropriés n'existait, si leurs héritiers manquaient, si leurs biens revenaient à l'Etat, par déshérence, l'idée ne serait venue à qui que ce soit de créer une indemnité, à l'effet de rembourser les créanciers; et des titres analogues à tant d'autres titres, liquidés ou non liquidés, acquittés de manière ou d'autre, retrouvés, ou perdus, ou prescrits, auraient subi la même loi, la loi de force majeure.

Seconde question. Si la créance n'appréhende point la personne, et ne s'exerce que sur les biens, à quoi va se résoudre son droit, après que les biens ont disparu pendant un tel laps de temps, sans qu'il y eût moyen de revendication, après qu'ils ont été rétablis en tout ou en partie, et seulement, uniquement en vue de la personne abstraite, en vertu du titre inné de propriétaire?

Son droit se résoud à zéro, son droit est consumé et éteint, son droit est moins favorable que celui des personnes remboursées en papiers, que celui des rentiers soldés à un centième pour cent, que celui des vendeurs payés avec le revenu de deux ou trois années.

Mais le puits de la vérité pénètre si avant dans les entrailles des choses, que loin de consacrer son temps et sa peine pour en sonder la profondeur, l'homme trouve plus expédient d'en écarter son regard et de franchir par-dessus. Et on doit ajouter qu'un vague reflet des principes d'honneur, qu'une éphémère bouffée de délicatesse, sont venu opposer, une fin de non recevoir, aux argumens de la justice pure.

Cependant, quelle est la bourse qui doit acquitter les créances anciennes? non pas celle de l'exproprié; car leur montant va se prélever sur son indemnité, va être payé par le Trésor, en déduction de ses rentrées; et pour lui c'est absolument de même, sous le rapport pécuniaire, que le Trésor garde la somme dans ses caisses, ou la verse en des mains tierces.

C'est le trésor, c'est l'Etat qui supporte la charge totale des créances, l'Etat qui se compose d'êtres innocens des faits passés; l'Etat qui embrasse tant d'êtres ruinés aussi, recommandables aussi.

Et il est remarquable que la masse des créanciers avait peu d'espérance, de sorte que la faveur leur tombe du ciel; tandis que la masse des contribuables était sans inquiétude, de sorte que le sacrifice suscitera des plaintes amères.

Il est remarquable, qu'une part des créances, aura été aliénée au plus vil prix, qu'une classe de créanciers aura transigé ou sera prescrite; tellement que le remboursement s'opérerait souvent en raison inverse du droit moral.

Un tel point de vue méritait d'appeler les plus hautes, les plus profondes méditations.

Mais la moindre pensée suffisait pour apprendre que la créance n'ayant main mise que sur la fortune, étant accollée et amalgamée à la fortune, devait s'adapter, se mouler aux formes diverses que celle-ci avait subi, et s'amoindrir, dans le même rapport qu'elle s'amincissait.

On partira des chiffres posés par le ministre, pour parveuir au résultat qu'il n'a pas suppose.

Le 4 mars et le 24 février, il a proclamé que 300 millions ont été liquidés au trésor. Le 4, il a déclaré que les créances restantes montaient à 500 millions, et le 24, qu'elles s'élevaient à 600 millions. Ne parlons que de 500 millions.

Or, le capital des créances est reconnu en totalité, avec les intérêts en sus. Et il ne faut pas compter que les porteurs acceptent en paiement, des trois pour cent, valeur nominale, sauf dans un petit nombre de cas. C'est au plus si la somme se balancera avec le montant des arrérages dus.

Maintenant il aura été vendu environ 50 millions de revenu brut, pour lesquels, toutes les déductions étant opérées, toutes les chances étant balancées, l'indemnité restera en valeur réelle et actuelle, au-dessous du denier dix, au dessous de 500 millions ; comme il sera démontré ailleurs : et les 500 millions sont absorbés à l'instant, sont dévorés en entier par les créances, ensorte que l'indemnité due aux expropriés, est touchée par les créanciers, ensorte que le principe de la loi ne ressort point son effet, et que les conséquences de la loi sont toutes opposées à son intention.

Le ministre dira-t-il que des titres sont prescrits, que des transactions se sont opérées : on lui répondra qu'en ce cas, les expropriés envers qui il est fait un acte de haute équité, n'y auront part que par un acte d'injustice relative : et en évaluant le profit net de l'injustice, à la moitié des créances, il s'ensuivrait que l'indemnité serait distribuée mi-partie en vue du droit inviolable de la propriété, mi-partie en faveur du titre mobile d'un prêt d'argent.

De là, il est facile de percer jusqu'aux élémens des masses respectives, de saisir les personnes mêmes, et de les mettre en présence.

Tel exproprié avait cinq mille fr. de revenu, 100 mille fr. de capital, sur quoi il devait 50 mille francs : il est indemnisé au denier 10, il est colloqué pour 50 mille fr. en sacs : c'est-à-dire, qu'il est tenu en vertu de la loi, de verser ladite somme à ses créanciers, n'ayant pour lui, que le trouble de donner quittance d'un bord, et de recevoir quittance de l'autre.

Et d'après les bases d'évaluation du projet, la position se scinde et contraste de la manière la plus étrange entre tel et tel exproprié, jadis jouissant du même revenu et chargé des mêmes dettes.

On ne peut douter que l'un sera liquidé au denier 20, l'autre au denier 15, un autre au denier 10 et peut-être plus bas, en valeur nominale des trois pour cent, qu'il convient de réduire à moitié en valeur effective et présente, en valeur analogue aux dettes actives et instantes.

Or, entre trois expropriés, dont chacun avait 5 mille livres de rentes et 40 mille francs de dettes, comment s'établira le bilan respectif?

Le premier, liquidé au denier 20, reçoit 50 mille francs : son actif est de 10 mille fr.

Le second, liquidé au denier 15, reçoit 37,500 fr.; son passif est de 2,500 fr.

Enfin le dernier, liquidé au denier 10, reçoit 25 mille fr. : son passif est de 15 mille fr.

Et voilà ce qui résulte d'une liquidation vraiment aléatoire, d'une loi mal conçue et nullement mûrie : voilà ce qui est intolérable.

DES RÉINTÉGRÉS.

DANS cette discussion, les ministres et les commissaires rappellent constamment à la mémoire, les grands personnages d'une certaine nation décrite dans les voyages de Gulliver, qui se faisaient suivre par des esclaves, dont la fonction n'était pas comme dans les Indes, d'écarter les moustiques, mais plutôt en les frappant de temps en temps avec une vessie suspendue au bout d'une baguette, de réveiller leur esprit engourdi, de leur rendre l'usage des sens, afin qu'ils devinssent aptes à lever le pied pour franchir l'ornière, à ouvrir les oreilles à propos, même au besoin à bégayer quelques paroles.

C'est ainsi que les articles 3 et 4 ont donné lieu à des semonces nouvelles, données par la commission, et respectueusement agréées par le ministère.

Le projet avait oublié que les ascendans ont pu mourir depuis trente ans, et ont dû laisser des héritiers; que des parens proches ont pu et dû faire des achats, comme fondés des pouvoirs des propriétaires.

Le projet avait omis également de s'occuper des légitimaires, sans doute parce que le pécule qui leur incombe, bien qu'infiniment grand pour eux, a paru de l'ordre des infiniment petits, aux yeux des gens qui ne comptent plus que par milliards.

Quant à ceux-ci, la commission s'est montrée quelque peu rigide, à l'égard de leur bourse, en ne leur allouant que le montant réduit en numéraire des paiemens opérés au Trésor, lesquels ne représentaient souvent que le cinquième ou le dixième du prix réel de la vente, au moyen de la dépréciation rapide du papier-monnaie.

Et en revanche, elle s'est conduite bien largement, au sujet de la conscience des héritiers institués; car, en vérité, sans ébranler l'article 9 de la Charte, surtout sans contrarier les vœux secrets de son auteur, ne pouvait-elle pas se hasarder à exprimer l'espoir qu'un frère aîné, spoliataire et révolutionnairement détenteur de la légitime de ses cadets, parviendrait enfin à soupçonner qu'il leur doit une indemnité vraiment intégrale, mille fois plus que n'en devait aux expropriés, l'Etat, innocent du délit, et indemne du profit.

Mais en confondant sous le même titre, les ascendans qui ont payé le prix du partage, et les propriétaires qui sont rentrés en possession, il s'élevait une question, très-facile sans doute à résoudre, et plus facile encore à mettre de côté.

Le rapporteur ne l'a pas entrevue, le commissaire l'a tranchée en ces termes: « L'ascendant était autorisé à racheter la portion *de ses anciens biens*, au prix de l'estimation: dans ce cas, il est évident que la propriété n'a pas changé de maître, qu'il n'a coûté d'autres sacrifices que le montant de l'estimation, et que le remboursement de la valeur réelle du paiement doit être la seule indemnité. »

Ce qui signifie: Il a racheté le bien, donc il possède le bien; il n'a payé que le prix, donc il ne lui a coûté que le prix. Et certes, il n'y a rien à dire contre une conséquence aussi logiquement traduite du fait même, mais quant au principe, de quoi est-il traduit, ou déduit, ou induit? Du néant.

On ne demandera pas, que faites-vous? Vous n'en savez rien. On demandera, qu'entendez-vous, ou plutôt qu'entendiez-vous faire? Car le trait à peine ébauché du canevas primitif, s'est bientôt perdu, sous les ombres confusément croisées de l'œuvre.

Il faut citer ici quelques passages de l'exposé, pour rafraîchir la mémoire.

« Les lois sur les émigrés leur ont tout ravi; mais de plus, ces lois cruelles les ont privés seuls de leurs champs, de leurs maisons, de la partie de ce sol natal que doit garantir la société. Ce dernier malheur sort de la classe commune.... »

« Dès l'instant où la terre du plus faible, peut passer par un acte d'autorité, au pouvoir du plus fort, il n'y a plus ni garantie, ni sécurité, et le lien social est brisé.... »

« J'insiste, parce qu'il y a dans la violence qui les a dépouillés de leurs biens, quelque chose d'odieux et de dangereux, qui demande, qui exige une réparation. »

Or, ces principes ne s'appliquent nullement à la position des réintégrés. Le sol natal est rendu à ses enfans; la terre est retournée au plus faible; l'odieux de la violence s'est effacé; le lien social s'est renoué. Enfin leur malheur ne sort plus de la classe commune; et le titre de propriétaire se transforme en un titre de créancier.

Le fait du délit se voit anéanti, et comme non advenu par le fait du sort. Le droit de revendication, tout-à-fait analogue à celui admis dans les faillites, ce droit immuable, inaltérable, qui ne se prescrit point par le laps du temps, qui ne tombe en désuétude que par la disparition de la chose, s'est exercé, s'est accompli; et les faux frais qui ont été déboursés, dénués d'un privilége analogue, se confondent dans la masse commune des pertes.

On fait une supposition. Tous les expropriés auraient été réintégrés, soit par la restitution légale, soit par des rétrocessions privées : partout, les possesseurs actuels se montreraient identiques avec les anciens propriétaires ; et ce retour se serait opéré tantôt à titre gratuit ou au denier 5, au denier 10, tantôt depuis vingt-cinq ans ou depuis dix ans.

Eh bien ! malgré que les frais de rentrée et les bénéfices de jouissance, fussent aussi différens, l'idée serait-elle venue à l'esprit, le vœu se serait-il conçu dans l'âme, d'accorder une réparation, de distribuer une indemnité, soit à forfait, soit en proportion ? Non, sans doute.

Ecus et écus se valent; ici perte d'écus, ailleurs perte d'écus : il y a compensation, confusion même, chacun des membres de la société devant recevoir d'une main, et payer de l'autre.

Cependant, dans l'état présent des choses, la question de justice relative, au lieu de s'établir entre les écus perdus par les suites de la confiscation, et les écus perdus par les effets généraux de la révolution, se resserre et se fixe entre les personnes également atteintes du coup de la spoliation, les unes réintégrées de quelque manière que ce soit, les autres expropriées, comme à titre incommutable, autant que cela dépend des lois.

Et le projet rembourse aux réintégrés la totalité

du prix qu'ils ont payé, de sorte que le bien se retrouve en leurs mains, quitte de toutes charges, tandis qu'il ne concède aux expropriés, qu'une somme à peu près égale, qui n'est point accompagnée par le bien. C'est-à-dire, que les premiers qui possèdent tel fonds vendable, au dernier 50, en écus, valeur de 1825, reçoivent de plus le montant du rachat, et que les derniers touchent le prix dudit fonds, au denier 10 ou 15 ou 20, en papier, valeur de 1790, sans retrouver le fonds.

Supposez un bien de 1000 fr. de rente en 1790 : l'exproprié n'a rien du tout; le réintégré a 40,000 f., attendu l'augmentation de valeur, et déduction faite du prix du rachat. Or, l'État fait presque le même sacrifice, donnant à l'un et à l'autre 16,000 fr., terme moyen, en 3 pour 100 qu'il faut réduire à moitié, de sorte que le rapport entre eux est de 8,000 fr. à 48,000 fr. Et si l'Etat ne remboursait pas le prix du rachat, il pourrait peut-être donner 4,000 fr. de plus à l'exproprié, les remettant ainsi dans le rapport de 12 à 40,000 f.

Donc, comme le fonds alloué est fixé d'avance, le projet trame un pacte, fomente une collusion entre l'État et les réintégrés, lesquels, sans peut-être s'en douter, en accueillant la faveur gratuite qui leur est offerte, dépouillent des compagnons d'infortune de leurs droits légitimes, et se rendent spoliataires de l'indemnité, détenteurs partiels du prix représentant les biens confisqués, se rendent solidaires avec les acquéreurs et opposans à la rétrocession qui aurait pu être obtenue avec des moyens plus étendus.

Telle est la question. Si elle est mal résolue, on aura élevé sur les pierres d'attente, assises par les mains de l'éternelle justice, un monument d'iniquité, un trophée en l'honneur de la discorde et de la cupidité.

Si la raison ne pouvait se faire entendre qu'à demi, il faudrait appliquer au remboursement du prix une échelle décroissante, en proportion du denier d'achat et de l'époque de la rentrée. Dans ce cas, le revenu qui n'a pu entrer dans les calculs de la loi devrait être apprécié avec scrupule, attendu que l'excédant du revenu au-dessus de l'intérêt à 5 pour 100 du prix, doit être capitalisé, attendu que, dans le sens contraire, les expropriés ont été forcés, par le manque du revenu, à consommer une part de leur capital.

Le plus simple calcul rendra la disparité tout-à-fait choquante :

Il y a vingt-cinq ans, des parens remettent à une famille émigrée pour une somme de 4,000 fr., un bien de 1000 fr. de rente, valeur de 1790 ; lequel bien augmenté d'un tiers en revenu, vaut maintenant 45,000 fr., à quoi il faut ajouter

20,000 fr. pour le revenu net ; ce qui donne en tout 65,000 fr.

Et dans le voisinage réside une autre famille, jadis possédant un bien pareil, et depuis trente ans réduite à la misère, à qui l'indemnité donnera en valeur réelle et présente, la somme de 8,000 fr.

Or, à moins que l'appât funeste de la loi ne réussisse à corrompre les consciences les plus pures, on demande si la première famille ne serait pas choquée et offensée, qu'il lui fût offert 4,000 fr. pour ajouter à ses rentrées de 65,000 fr., au lieu de les reporter en addition à l'indemnité des 8,000 fr., allouée à la seconde famille.

En résumé, la restitution du prix ne dérive point du principe de la loi, ne se rallie point au droit de propriété, ne tend point à sa consécration, à sa restauration.

La restitution ainsi allouée à titre de grâce, imprime à la loi un caractère défavorable, et prête à la haine ou à l'envie des motifs plausibles, sortables même.

La restitution ne peut être proposée qu'en qualité de donation bénévole, ne peut être acceptée que dans l'ignorance du tort qui en résulte pour des malheureux ou par l'avidité de s'enrichir au détriment de l'équité.

Et remarquez que le montant des restitutions s'élevant environ au tiers de la somme fixée, devait, par sa répartition entre les expropriés, augmenter dans une forte proportion leur tardive indemnité, devait augmenter dans une progression plus forte encore, leurs chances de parvenir à la rétrocession et de se voir réintégrés eux-mêmes.

Nota. On doit ajouter que le projet de loi n'a point fixé en quelle manière les sommes payées devraient se justifier, ni avant quelle époque auraient dû s'accomplir les rachats des biens; et n'a point prévu que pendant quatre mois de discussion, il pourrait se passer des transactions dont le prix serait simulé.

DE L'ÉVALUATION.

Tu ne rentreras point dans tes champs, tes maisons; tu ne participeras pas à la plus value de tes biens, au-dessus du prix coûtant, acquise à l'aide du temps et accrue par les effets de la loi; tu ne toucheras pas le montant de leur estimation en valeur réelle de 1790, ou en valeur de 1825, réduite d'un tiers, ni telle ou telle portion de ces valeurs.

Tu recevras seulement soit le prix de l'évaluation simulée en valeur de 1790, tantôt exagérée par l'influence de la dépréciation, tantôt ravalée par les manoeuvres de la cupidité; soit le prix de l'adjudication souvent privée de concurrence et portée aux taux les plus disparates, d'après la position des affaires et l'opinion des provinces.

Tends la main, tu reçois le prix de ta ruine; donne quittance, tu ratifies l'arrêt de ta condamnation.

Ton décompte t'attendait depuis long-temps. Vois la date, le jour même où tes foyers subirent un autre maître : vois la somme, la même valeur qui fut échangée contre ton patrimoine : vois les signatures; rien que les noms et surnoms de qui t'a dépouillé et de qui t'a remplacé.

C'est, quant aux formes, l'image parfaite d'un acte de rétrocession; il n'y manque que la remise du bien.

Or, quand le ministre se complaît à rédiger un pacte de telle sorte, à tramer l'alliance monstrueuse des droits et des faits les plus hostiles, faut-il, de préférence, ou le plaindre de n'avoir pas su rencontrer mieux, ou le blâmer de n'avoir pas voulu rechercher mieux? On ne sait.

Et si, après y avoir consacré tout son temps, tout son zèle, toutes ses peines, il avait paru absolument impossible de trouver rien qui fût plus sortable, la pudeur et la délicatesse auraient-elles pu se résoudre jamais à présenter, à soutenir, à consacrer un tel mode d'appréciation des pertes? On ne sait.

Mais il faut rentrer dans l'examen des inconvéniens matériels qui se montrent dans les deux bases d'évaluation et d'adjudication.

Leur vice commun consiste en ce que l'une et l'autre est de même fixe, absolue, irrémissible. Sans doute, cela est plus expédient, plus simplifiant : il y aura moins de commis pour le travail, peut être moins de retard dans le paiement. Et voilà précisément ce qu'il fallait craindre par dessus tout, que la chose fût conclue vite, lorsque la chose était mal conclue.

Il y avait moyen, certainement, même sans recourir aux expertises qui font foi cependant dans les partages, pour le cadastre, etc., de retrouver des registres ou des quittances de l'impôt de 1790, d'accepter, à défaut, les cotes les plus anciennes de contributions, d'accueillir les baux, les contrats d'acquêts, les actes de famille ; enfin d'amonceler des preuves, des demi-preuves de toutes les sortes ; et, par leur comparaison, d'atteindre à la vérité des faits, d'une manière plus approximative.

Si le ministre s'obstinait à n'appliquer que les simples règles de l'arithmétique, à ne faire emploi que des comptes faits de Barême, au moins aurait-il dû rechercher des voies subsidiaires de contrôle, pour ramener et contenir le résultat mécanique de ses opérations, entre des limites raisonnées.

Il y aura des liquidations, aux deniers 5 et 10, et aux deniers 20 et 25, du revenu de 1790. Cette disproportion est si forte, que telle et telle notion, trop vague peut-être pour garantir la valeur positive, serait plus que suffisante à l'effet de faire discerner les erreurs et de contribuer à rétablir la balance entre les parties.

L'impatience ou l'indifférence qui s'y sont opposées semblent tout-à-fait inconcevables.

Mais il est encore plus choquant, peut-être, que des co-intéressés à titre identique soient scindés en deux catégories hétérogènes, soient liquidés sur des bases dont le hasard seul peut faire coïncider le résultat.

C'était le premier besoin de la justice, de trouver une méthode quelconque qui fût commune aux uns et aux autres, ou du moins, de réduire, autant que possible, une des catégories, et de la rejeter dans l'ordre exceptionnel.

Ainsi, en adoptant pour règle générale la base du prix des enchères, son emploi devait être étendu jusqu'à la loi de ventôse an 4, puisque, de l'aveu du rapporteur, la loi de prairial an 3, fut abolie quinze jours après, en sorte que le mode des adjudications continua de même; et, si cela n'a pas été exécuté, c'est seulement parce que le commissaire ignorait ce fait important, comme on peut le voir dans la séance du 3 mars, et que le soin de conserver sa dignité a prévalu sur le devoir de réparer la justice.

En choisissant au contraire la base de la valeur de 1790, il était facile de l'adapter au plus grand nombre des indemnisés de la seconde catégorie.

D'abord on lit dans l'Exposé, que le revenu de 1790, pour cette catégorie, a été indiqué, mais seulement d'une manière approximative, par les directeurs des domaines, de manière à prouver que le mode affecté à sa liquidation donnait pour *terme moyen*, entre dix-huit et dix-neuf fois ce revenu. Or, pour parvenir à un terme moyen, il a fallu que les directeurs aient réuni beaucoup de cas particuliers, aient retrouvé le revenu de 1790, à peu d'exceptions près. Le bon sens indique qu'en consultant les données des parties intéressées, leurs indications auraient cessé d'être approximatives.

Ensuite on voit dans l'état des aliénations distribué à la Chambre, qu'à l'égard de la première catégorie le revenu de 1790, sera également censé constaté par les procès-verbaux de ventes, que par ceux d'estimations : et dès-lors il est impossible de ne pas reconnaître, en faveur de la seconde, la base du revenu de 1790, lorsqu'il est constaté dans les procès-verbaux de vente, comme il arrive souvent.

Le commissaire aurait mauvaise grace à s'y opposer, en prétendant que ce sont des exceptions qui ne peuvent servir de règle : car on doit se trouver trop heureux d'être à même de faire des exceptions à une règle adoptée de force et avec répugnance.

Cependant il a déclaré, dans l'exposé aux députés, que les premières lois, qui n'avaient pas prescrit l'évaluation du revenu de 1790, avaient ordonné une simple estimation des lots mis en vente. Dans l'exposé à la Chambre des Pairs, il s'exprime en ces termes : « Avant prairial an 3, il était procédé d'abord à une estimation des lots mis en vente, et cette estimation était suivie d'une mise à prix et d'une adjudication publique. »

Si la rédaction des premières lois et de la dernière est différente, on ne peut penser qu'il y ait eu beaucoup de disparité dans le résultat des deux mesures; et comme il ne s'était écoulé que trois ou quatre ans, les estimations ont dû être conformes à la valeur de 1790. D'ailleurs, qu'est-ce que l'évaluation du revenu, sinon une estimation du fonds divisé par le denier d'usage? Qu'est-ce que l'estimation du fonds, sinon une évaluation du revenu multiplié par ledit denier? Ainsi ces deux modes, divers en apparence, sont semblables pour le résultat.

Quand il y avait des baux, des partages, des cotes d'impôts, l'une et l'autre opérations s'en servaient également : à défaut de ces données, l'une et l'autre s'accomplissaient de même par l'expertise proprement dite. Et la présomption serait mieux motivée en faveur de l'estimation effectuée sur le bien qui n'avait pu varier, depuis si peu de temps, qu'à l'égard de l'évaluation du revenu de 1790, recherchée six, huit et dix ans après cette époque.

D'où il résulterait un blasphême dans l'opinion des faiseurs, un paradoxe au sentiment de leurs sectaires, une vérité aux yeux de la raison. C'est qu'il y avait moins de risques à prendre pour base, l'estimation ordonnée par les premières lois, que l'évaluation prescrite depuis prairial an 3. Il faut qu'un motif inconnu, ou un caprice fortuit, ait étouffé une idée aussi simple.

Il semble que le commissaire du roi s'est rapproché de ce principe, en rédigeant l'article pour l'indemnité des biens affectés aux établissemens publics, lequel porte qu'à défaut d'estimation préalable, il sera procédé contradictoirement à leur estimation sur le pied de la valeur de 1790.

Il y a donc moyen de retrouver la valeur de 1790, même dans l'état présent des choses; et s'il y a moyen pour quelques-uns, il y a moyen pour tous : en sorte que la seconde classe pourrait rentrer dans la première.

Il y a donc quelque utilité, on n'ose dire quelque justice, à procéder contradictoirement avec les ayant-droit; il y a donc quelque utilité à consulter les titres, les notions qu'ils possèdent, et peut-être à leur accorder la faveur d'indiquer un des experts.

C'est vraiment dommage qu'une révérence, quelque peu trop scrupuleuse pour les possesseurs actuels, ait empêché ce trait de lumière, d'apparaître avant la clôture des débats, et de se réfléchir sur les premiers articles couvés dans les ténèbres.

Eh bien! cette estimation des biens dans leur état présent, laquelle, en réduisant le revenu d'un tiers, donnerait la valeur réelle de 1790, serait à la fois plus vraie et plus égale que l'évaluation du revenu de 1790, portée dans les procès-verbaux d'estimation ou de vente, qui est proposé pour la première catégorie.

Si la révolution ne s'était pas faufilée à travers les classes du commissaire, et n'avait pas rejeté le ministre, justement, à nos antipodes, il serait superflu de leur rappeler qu'en ces temps trop fameux, la fureur aveugle, la sordide cupidité, surtout l'ignorance crasse, présidaient dans les conseils et se rencontraient aux divers termes de l'exécution des décrets. Tantôt par une cause ou par une autre, opposées entre elles, tantôt sans aucune cause apparente, les évaluations étaient faites le plus inégalement, comme il est facile de s'en assurer en ordonnant la comparaison de quelques-unes avec les rapports des gens du pays; ou avec toutes autres données.

Mais au moins le mode d'estimation proposé par le commissaire même, doit paraître bien préférable à la base extraite du prix de l'adjudication.

Ici on invoque, on adjure le témoignage des personnes neutres et présentes, qui sont en assez grand nombre, à Paris et même dans les Chambres, pour faire autorité. Qu'elles parlent enfin, et qu'elles disent, puisque la réflexion n'a pas daigné s'y appliquer, comment, en tels temps, en telles contrées, pour tels ou tels biens, les enchères se sont élevées, en valeur réduite à cinq fois, dix fois, quinze fois le montant du revenu.

Cependant, non seulement le projet accepte des bases aussi variables, mais encore il prend à tâche d'en agraver les révoltantes inégalités.

L'échelle de dépréciation de la Trésorerie avait été tenue sans intervalle et avec des formes légales; mais elle a paru donner des résultats trop faibles pour la seconde cathégorie, par rapport à l'évaluation approximative du revenu de 1790; et cette évaluation, dont il est fait mépris quant à l'indemnité des individus, s'est trouvée digne d'imposer la loi, à l'égard de leur masse.

Il n'y avait rien de plus simple que d'élever d'un tiers environ le taux de l'échelle. Le ministre s'en est bien gardé, et a mieux aimé la remplacer par l'échelle des départemens.

Or, on voit, dans l'état officiel des aliénations, que cette dernière échelle a été arrêtée seulement depuis la loi du 5 messidor an 5 (juin 1797), deux ans après l'extinction des assignats, un an après celle des mandats; et les lois antérieures, bien éloignées de prescrire une telle mesure, s'y opposaient, au contraire, de toute leur force, ensorte qu'il n'a pu se rencontrer une seule note prise dans les temps. Il suffit de lire, à cet égard, les art. 2 et 4 de la loi même.

En somme, l'échelle a été arrêtée d'une telle manière, que le même jour les assignats sont cotés ici à 75 et là à 27, d'où le commissaire conclut, avec une grâce charmante, *que la raison et la justice indiquaient qu'il fallait recourir à cette voie.*

La phrase suivante donne la cause de son erreur : prenant pour un fait avéré le cours de l'échelle, il s'est imaginé que le prix des ventes avait dû s'élever ou s'abaisser, en juste raison de la dépréciation au jour de la vente, tandis que dans la réalité, cette échelle a été dressée au hasard longtemps après ce jour; et d'autant qu'elle est irrégulière, d'autant il serait funeste de s'en servir pour la réduction d'un prix dont le taux a dépendu de toute autre cause.

Les assignats avaient rarement un cours connu, rarement même un prix effectif. Dans beaucoup de provinces il en existait à peine; dans les autres leur valeur se réglait sur la valeur de Paris, étant plus haute ou plus basse, seulement dans l'intervalle des courriers. Et comment en eût-il été autrement, lorsqu'un grand nombre d'exprès sillonnaient la France en tous les sens, tantôt chargés de louis d'or et tantôt d'assignats, pour en faire l'échange dans les lieux les plus avantageux.

Ce qui prouve surabondamment que ces prétendus cours, distans de 75 à 27, c'est-à-dire de 3 à 1, ont été fabriqués après coup, conformément à la tardive loi de messidor an 5.

Et voilà quel est l'abîme d'inconséquences où l'on tombe, en voulant trouver des bases positives, uniformes, dont l'application se borne à une opération matérielle. (Exposé, pag. 25.)

Mais il n'en sera pas de même pour la répartition du fonds de réserve, s'il faut se fier à ces touchantes paroles de l'exposé fait à la Chambre des Pairs : « des précautions seront prises pour que la liquidation fournisse au gouvernement tous les renseignemens qui seront de nature à éclairer les Chambres sur l'emploi des sommes réservées. »

On regrette seulement que la liquidation doive être faite, pour enseigner comment elle devait être faite; que les Chambres ne soient éclairées par les renseignemens qu'après avoir prononcé l'arrêt; que les précautions ne s'appliquent qu'à l'emploi d'une réserve en perspective.

Le temps pressait : sans doute il n'y avait pas eu moyen d'entamer l'exécution plus tôt, et il y aurait trop de risque que l'intention ne changeât sous peu.

DE LA LIQUIDATION.

« Pour 200 millions au plus qu'a retiré des rentes la France républicaine, on demande à la France royale un milliard.... Un milliard, c'est plus qu'il ne faudrait pour terminer nos routes, nos canaux, nos forteresses..... Et pendant cinq ans nous ne pourrons ni parler ni agir au dehors. » Ainsi s'est écrié un orateur qui n'a pas toujours tort, grâces au ministre.

Un milliard, Monseigneur! Comment cet ample et large mot a-t-il pu sortir de vos pudiques lèvres, ce mot dont nos esprits à peine blasés sur les 900 millions du budget, se font un fantôme démesuré, un monstre.

Et ce mot ne rend point la vérité : et il rendrait la vérité, qu'il n'était point à propos de le proférer; car la politique la plus loyale est souvent tenue de s'abandonner au doux aide du temps, du soin de soulever peu à peu le voile tutélaire dont elle s'enveloppe d'abord.

Mais une politique de toute autre sorte dominait aux secrets du conseil. Le milliard n'était préconisé du haut de la tribune que pour pousser l'œuvre merveilleuse des 3 pour 100; et convolant avec cet autre milliard, dont le grand livre doit accoucher, leur enfant naturel, le crédit promettait la plus prompte et la plus brillante crue.

C'est ainsi que le chiffre gigantesque a été posé et serait garanti par le ministre, payable en espèce ayant cours ; tant il lui semble manifeste que son *visa* au bas de la loi va soudain élever les fonds publics du denier 20 au denier 33 1/3, et augmenter le capital national dans la proportion de 3 à 5.

Puisse le ciel exaucer ses ferventes prières ! toutefois au cas qu'il y ait quelque menu profit à exciter ainsi la production, déjà inondée de fonds et altérée de débouchés ; toutefois au cas qu'il n'y ait pas perte gratuite, à l'égard des possesseurs d'écus, dont les services sont par fois trop méconnus.

Mais tout en invoquant le miracle, on s'en tient provisoirement, pour un ou deux siècles peut-être, à ce taux routinier de 5 pour 100, qui jamais ne fut dépassé en France, sinon aux beaux jours du systême, qui règne dans l'état de paix, au sein de l'Europe agricole, et qui doit se fixer d'autant plus par le manque prolongé des arrivages de l'Amérique ; tellement que si le ministre semblable à l'oiseau des tempêtes, prenait plaisir à se jouer, à travers les orages qui menacent la Bourse, on consent à lui vendre le milliard des expropriés, et de plus le milliard des rentiers, au taux de 80 en 3 pour 100, livrables à un an de date.

Et la plume en main, on calcule que 30 millions de rente au denier 20, donnent en capital, ci. . . . . 600 millions.

Puis on défalque, pour le retard des termes, jusqu'à parfait paiement, 10 pour 100, d'où il reste, ci. . . . . 540 millions.

Enfin, on se hasarde à précompter les effets de l'impatience et de l'épouvante, idoles fatales dont le culte est familier aux provinciaux : sous leur influence, il sera vomi sur la place, et plutôt en temps de baisse que de hausse, plutôt avant qu'après le paiement final, une masse immense de ces minces coupons d'indemnité, dont la négociation sera d'autant plus ruineuse que l'exproprié ne pourra transmettre un titre émis et garanti par l'État, grâces à cet artifice fiscal qui se refuse à délivrer, comme il fut opéré pour la dette arriérée, des reconnaissances de liquidation, payables à diverses échéances.

On ne peut apprécier le *quantum* de la perte : on sait seulement qu'elle sera subie surtout par ceux qu'auront desservi les chances aléatoires de la liquidation, par ceux dont les réclamations seront les plus modiques. Et à l'égard de ces derniers, le ministre, dans la rigidité bien connue de ses principes, ne s'est prêté à une exception, que pour les liquidations inférieures à 250 livres de rentes; méconnaissant tout à fait, que par diverses causes, leur indemnité proportionnelle sur le papier, cessera de l'être au fond des bourses.

Il résulte de ces considérations, que la masse des expropriés ne palpera pas, n'empochera pas, en valeur réelle et présente, 500 millions; laquelle somme reviendrait au denier 10 des biens aliénés, en adoptant les bases supposées par le ministre à l'égard de leur revenu.

Et d'autre part, le Trésor public aura employé, à l'amortissement de 30 millions de rentes, jusqu'à extinction, peut-être 800 millions.

Et d'autre part, l'opinion ennemie est exaspérée, l'opinion neutre est effarouchée, par la fastueuse annonce de cette superfétation d'un milliard aux feuillets déjà surchargés du grand-livre.

Or, n'y aurait-il aucun moyen d'alléger les dépenses du Trésor, d'amortir la crise de l'opinion; et d'améliorer en même temps la position des expropriés? Pour tenter cette découverte, il est indispensable de rentrer dans le vrai, c'est-à-dire, de scruter et écarter les faits mis en avant par le ministre.

Le droit en est acquis après qu'il a déclaré lui-même, que la mesure n'entreprend pas moins que de venir après trente ans, *presque sans documens possibles*, réparer une injustice, etc. (*Moniteur du 4 mars*); le devoir en est imposé à voir comment il a mis si peu de temps et si peu de soins, pour rechercher et balancer, même les documens possibles; à voir comment il n'a point parlé du travail de son prédécesseur, et n'a point fourni les états de la valeur réduite des ventes de la première catégorie et du montant des paiemens effectués au Trésor, pour faciliter la comparaison avec son propre travail.

On apprend seulement par l'ouvrage de M. Dard, page 44, que la lumière lancée des pôles arctiques et antarctiques, est venue s'aglomérer en un rayon unique, pour illuminer le dédale des calculs; c'est-à-dire, que les deux ministres ayant procédé par les voies les plus disparates, ont rencontré un résultat presqu'identique, par le plus grand hasard sans doute.

Ce résultat donne pour les biens aliénés, en revenu, 65 millions, en capital, 1,300 millions: lequel capital, après la déduction des dettes, se résoud justement en un milliard, somme allouée en papier, et sur le papier, par le projet actuel.

Mais on ne peut croire que les aliénations se soient élevées jusqu'à 65 millions en revenu. Il a toujours été reconnu que les biens du clergé montaient au triple des biens d'émigrés; et certes, le clergé ne possédait pas, en outre des dîmes et des droits féodaux, 200 millions de rentes. Il est constant que 65 millions de revenu, valeur de 1790, représentent 100 millions, valeur de 1825, absorbant ainsi le vingtième au moins du sol de France : et certes, une si forte portion n'est point passée en des mains étrangères.

Cependant ce chiffre, déjà exagéré suivant toutes les probabilités, devrait subir diverses défalcations pour les déchéances et deshérences, pour les décomptes rendus par la loi de 1814, et pour le prix des biens remboursé aux condamnés et aux étrangers, de manière à ne pas s'élever au-dessus de 40 à 50 millions, autant qu'il est possible de fonder des présomptions.

Au terme moyen de 45 millions, le capital au denier 20 donnerait 900 millions, sur lesquels il y aurait à déduire la masse des dettes liquidées par l'Etat, montant à 300 millions; dont le projet aussi inégal en ses rigueurs qu'en ses faveurs, ne rougit pas d'ordonner le prélèvement au pair, même pour le compte de ceux qui n'ont pas à recevoir, en la même monnaie, la moitié ou le tiers de la valeur de leurs biens en 1790.

A l'égard de ces 300 millions de dettes, il semble convenable de les réduire d'un tiers, ou à

200 millions en 5 pour 100; car il est trop arbitraire, trop contraire à la justice relative, que l'Etat, au moment même où il rembourse aux expropriés en général, beaucoup plus qu'il n'a touché de la vente des biens, se porte à retenir à quelques uns d'entre eux, beaucoup plus qu'il n'a payé pour leurs dettes.

Il resterait ainsi 700 millions en capital, 35 millions en revenu.

Ces faits étant posés, ou du moins supposés, avec les plus grandes probabilités, on croirait que le mode de liquidation devrait s'établir de la manière suivante :

L'Etat restituerait 2 ou 3 millions de rentes confisquées et 1 ou 2 millions de biens affectés aux services publics, sans qu'il y parût, sauf en quelques minces articles du gros budget.

L'Etat ne rembourserait point le prix du rachat des biens, ni aux ascendans ni aux propriétaires, à l'exception peut-être de la moitié dudit prix, pour les contrats passés depuis la restauration.

L'Etat éliminerait de l'indemnité, et les légataires universels, se refusant à supposer aux donateurs, une intention évidemment controuvée; et les héritiers au-delà du second ou troisième degré, considérant que le plus souvent il ne viennent en droit que par les suites de la révolution.

Il éliminerait encore, les héritiers ou les propriétaires mêmes, qui, par le fait des événemens analogues ou des nouvelles lois civiles, se trouveraient investis, d'une fortune égale à leur ancienne fortune, n'entendant point que nul puisse à la fois, s'être enrichi et être indemnisé.

Il en résulterait les réductions approximatives qui suivent, et sont calculées en 5 pour 100.

Pour les réintégrés.	150 millions.
Pour les héritiers déchus. . . .	30
Pour les propriétaires enrichis.	20
Total.	200 millions.

Alors laissant de côté les 3 pour 100, pour le moment frappés d'anathème, l'Etat qui aurait pris ses mesures de loin et dans le droit sens, déclarerait que, d'après les données acquises, les biens d'expropriés, restés en mains étrangères, et revenant à des ayant-droits, peuvent s'élever à 25 millions de revenu brut, valeur de 1790; et ordonnerait la création d'un fonds égal, en 5 pour 100 dont le capital serait payé en inscriptions, après la liquidation définitive et le revenu aussitôt après le travail provisoire des départemens; lesquels 5 pour 100, devraient être confondus avec les rentes du grand livre, et servis par le fonds actuel d'amortissement, à dater du jour de la promulgation de la loi.

Or, sauf l'ajournement des trop fameux 5 p. 100, on ne peut dire combien ce système porterait de bénéfices.

D'abord, c'est le général Foy qui applaudit de grand cœur, puisqu'on lit dans son discours, qu'il n'est pas bon que de nombreuses familles, des classes entières, descendent rapidement de la richesse à la pauvreté; principe admirable, dont la contre-partie, également juste, ne manquerait pas d'être proclamée par lui, pourvu que l'occasion vînt à s'en offrir.

A sa suite, la coterie libérale ainsi que la tourbe neutre, s'empressent à faire chorus, étant en leur âme et conscience, sinon scandalisées, au moins stupéfiées, que les ministres du Roi aient constamment mis au rebut les misères et les mérites de ses plus dévoués serviteurs, ne témoignant un saint zèle qu'à l'effet de rendre la paix à leurs acquéreurs et de liquider largement les ayant-droit ou les ayant-cause de l'usurpateur.

Puis, le trésor ne laisse pas que d'y gagner : car il y a seulement 500 millions de capital à joindre aux 5 milliards qui ont un pied-à-terre sur la place du change; et non plus un milliard massif, en outre du milliard imaginaire, à précipiter ensemble sur le grand livre, au risque de l'écraser : car il n'y a nul rapport dans le projet, entre les dépenses futures du trésor et les rentrées effectives de l'indemnité, soit parce que les coupons de celle-ci sont dévoués à se négocier à vil prix ou à se consumer à la flamme pétillante de l'agiotage, soit parce que la rage amortissante poussera vivement de plus en plus haut et poursuivra avec des frais progressifs, le cours une fois coté des bienheureux 5 pour 100.

Mais, et c'est ce qu'il y a de mieux encore, les droits légitimes des expropriés seront plus satisfaits que par le projet.

On leur attribue, après avoir éliminé, environ un tiers des prétentions actuelles, une somme de 500 millions, lesquels ne sont plus livrés en parcelles volatiles, ne sont plus débités sous la forme fantastique des 3 pour 100, dont le cours impatient du joug de l'équilibre laisserait la baisse à leur perte et garderait la hausse pour leurs regrets.

Et de plus, l'Etat ramené à l'équité, et la dispensant d'un bord comme de l'autre, après avoir rétabli au niveau commun, les créanciers frappés de prescription ou lésés par des transactions, aurait modifié et moulé le droit des créanciers en juste proportion de la fortune présente des débiteurs, d'où il incomberait à la masse des indemnisés un bénéfice d'environ 100 millions.

Leur bilan se fixe donc à 600 millions, valeur

réelle et échue, valeur en sacs, valeur fixe, sauf les déviations du cours des 5 pour 100.

Et le bilan réglé par le projet se réduit à 500 millions en valeur semblable, sur quoi les éliminés auraient prélevé le tiers environ.

FIN.

DE L'IMPRIMERIE D'ADRIEN ÉGRON,
rue des Noyers, n° 37.

www.ingramcontent.com/pod-product-compliance
Ingram Content Group UK Ltd.
Pitfield, Milton Keynes, MK11 3LW, UK
UKHW021648260726
13994UKWH00003B/1338